编审人员

主　　审：刘　艳　王敬锋
主　　编：徐炅旸　刘智洋
编写人员：周志强　戴依浇　肖鹏飞
　　　　　柴树山　徐鹏飞　王泽旭
　　　　　董　萌　朱建安　孙广林
　　　　　姚　疆　刘国鹏

前言

近年来,我国公路里程保持快速增长,在提升人民生活质量,促进国民经济发展的同时,也带来了交通安全管理问题,特别是普通公路❶由于道路场景多样、环境复杂、交通冲突多,加之部分道路安全设计不完善、基础交通安全设施缺失,导致普通公路交通事故多发易发。从近几年的统计看,普通公路的交通事故死亡人数占交通事故总死亡人数的一半以上,交通安全风险突出。

---

❶ 依据《公路工程技术标准》(JTG B01—2014),公路分为高速公路、一级公路、二级公路、三级公路及四级公路五个技术等级,除高速公路外,其余技术等级公路统称为普通公路。

普通公路安全隐患排查治理指南
——平交路口篇

为有效防范化解普通公路安全风险,推动交通安全治理模式向事前预防转型,提升普通公路安全隐患排查治理成效,公安部道路交通安全研究中心编制了《普通公路安全隐患排查治理指南》,包括《平交路口篇》《弯坡路段篇》《隧道篇》《路侧险要篇》《穿村过镇篇》《不良路段组合篇》《施工路段篇》等,旨在作为工具书,提升普通公路安全隐患排查工作的专业性与规范性,供各地开展普通公路安全隐患排查治理工作参考。

本书为平交路口篇,针对普通公路平交路口,从交通控制、渠化组织、行车视距、警示防护、线形设计等方面详细阐述了平交路口的隐患排查内容与治理措施,并辅以典型案例进行解析说明,同时以附录形式提供了普通公路平交路口隐患排查对照表、隐患治理措施表、综合治理示意图等工具图表以及与平交路口隐患排查工作相关的标准规范。

本书在编写过程中得到公安部交通管理局的精心指导,也得到了山西、吉林、江苏、安徽、浙江、重庆、新疆等地公安机关交通管理部门的支持与协助,同时还参考和引用了同行和前辈的部分研究成果,在此一并表示衷心感谢。

书中内容难免有不足之处,敬请各位读者批评指正。

编　者
2024 年 5 月

目录

第一章 平交路口定义及分类 ················ 1

第二章 排查要点 ································ 3

    一、交通控制方面 ······················ 4

    二、渠化组织方面 ······················ 7

    三、行车视距方面 ······················ 9

    四、警示防护方面 ······················ 11

    五、线形设计方面 ······················ 13

    六、其他 ······································ 14

第三章 治理措施 ································ 17

    一、明确通行路权 ······················ 18

    二、完善渠化组织 ······················ 26

　　　　三、保障行车视距 ·············· 34
　　　　四、强化警示防护 ·············· 37
　　　　五、改良线形设计 ·············· 42
　　　　六、其他 ······················ 43
第四章 典型案例 ···················· 45
　　　　一、十字交叉路口治理 ········· 46
　　　　二、T形交叉路口治理 ········· 50
　　　　三、路侧接入路口治理 ········· 53
附录一 隐患排查对照表 ·············· 57
附录二 隐患治理措施表 ·············· 59
附录三 综合治理示意图 ·············· 61
附录四 主要参考标准与规范 ·········· 63
参考文献 ··························· 92

第一章

平交路口定义及分类

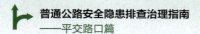

平交路口，是指道路与道路在同一平面相交的区域，按几何形状分为十字形（图1-1）、T形、Y形、环形、多路平面交叉路口等，按交通组织方式分为信号控制、主路优先控制和环形控制路口。

图1-1　十字形路口

第二章

排查要点

平交路口交通冲突多，加之交通控制、渠化组织不完善，行车视距不良等因素影响，往往成为事故多发点。应重点排查交通控制、渠化组织、行车视距、警示防护、线形设计等方面。

一、交通控制方面

1. 未设置交通信号灯的平交路口

结合交通事故、交通流量、路口构造等情况，确定是否需要设置交通信号灯，具体设置条件详见本书第三部分治理措施中的明确通行路权章节。

（1）开展交通事故统计分析，根据路口近3年的交通事故数量、人员伤亡情况、事故致因，确定是否需要设置交通信号灯。

（2）开展交通流量调查，根据路口机动车高峰小时流量、路口任意连续 8h 机动车小时流量，确定是否需要设置交通信号灯。

（3）开展路口调研踏勘，根据路口几何线形、路口岔数、渠化设计等情况，确定是否需要设置交通信号灯。

2. 已设置交通信号灯的平交路口

排查交通信号灯设置是否规范，包括以下 3 个方面。

（1）交通信号灯位置是否合适，是否能被交通参与者清晰地观察到，交通信号灯基准轴应与地面平行，基准轴的垂面通过所控机动车道停车线后 60m 处中心点。交通信号灯安装方位不正确案例见图 2-1。

（2）交通信号灯是否正常工作，是否亮度不足。

（3）交通信号灯相位、配时是否合理，是否与实际通行需求匹配；交通信号灯指示与交通标志、标线信息是否一致。

图 2-1　交通信号灯安装方位不正确

3. 无须设置交通信号灯的平交路口

排查是否在支路设置停车让行标志和停车让行线，或设置减速让行标志和减速让行线，以明确路口通行路权。

二、渠化组织方面

1. 排查平交路口是否进行渠化设计

（1）三级及以上公路的平交路口均应进行渠化设计。平交路口渠化设计不规范案例见图 2-2。

图 2-2　平交路口渠化设计不规范

（2）四级公路的平交路口宜进行渠化设计。

2. 排查平交路口的车道设置是否合理

（1）进口车道的布置与实际通行需求是否匹配，是否满足直行及转向交通需求；是否存在某流向机动车排队过长的情况。

（2）出口车道数是否少于相应进口直行车道数。

（3）进口直行车道至相应出口车道的行车轨迹是否顺畅，是否存在错位。车道设置不规范案例见图2-3。

图2-3　进口直行车道至相应出口车道行车轨迹不顺畅

3. 排查行人、非机动车交通组织是否合理

（1）行人过街交通量较大的平交路口是否设置人行横道等过街设施。

（2）人行横道是否靠近行人实际通行路径，是否符合行人过街习惯。

（3）路幅较宽、过街距离较长的平交路口是否设置二次过街安全岛。

（4）非机动车交通量较大的平交路口，是否拓宽硬路肩、设置非机动车道。

（5）非机动车交通量较大，左转弯时机非混行严重的路口，是否采取非机动车"二次过街"交通组织。

三、行车视距方面

（1）平交路口的通视三角区是否通透，通视三角区内是否存在绿植、房屋、广告牌等障碍物影响视距。通视三角区存在视线遮挡案例见图2-4。

图 2-4 通视三角区存在视距遮挡

（2）主路与支路的路基高度差是否过大，形成支路"冲坡"现象，导致平交路口视距不良。

（3）中央分隔带开口处的绿植、护栏是否过高，对开口造成遮挡，导致开口视距不良。

（4）夜间事故多发、易发的平交路口和位于城镇地区的平交路口是否安装照明设施。

四、警示防护方面

1. 排查警示设施是否齐全规范

(1)是否根据相交公路等级设置必要的交叉路口预告标志、交叉路口告知标志、确认标志等指路标志。

(2)未设置交通信号灯的平交路口,是否设置交叉路口标志。

(3)设置人行横道的同时,是否配套完善的交通标志标线。

①无交通信号灯控制的人行横道两端应设置人行横道标志。

②人行横道前应设置停止线,无交通信号灯控制时,还应设置人行横道线预告标识。

(4)右转货车流量较大、因盲区和内轮差引发事故多的平交路口,是否设置右转车道交通信号灯、货车右转停车让行提示标志等设施;是否在路口转角处施划彩铺进行警示。

(5)交通标志是否存在被遮挡、板面严重老化、破损等情况;交通标线视认性是否良好,是否存在严重磨损。

(6)公路沿线较小的平交路口、路侧接入路口、中央分隔带开口、侧分带开口是否设置道口标柱。

(7)未设置交通信号灯的平交路口,以及中央分隔带开口、路侧接入路口,是否设置爆闪灯加强夜间警示效果。

2. 排查防护设施是否齐全规范

(1)平交路口进口道是否设置机非隔离设施。

(2)平交路口支路是否设置减速标线、减速丘,建议在三级、四级公路符合下列条件之一的设置减速丘。

①一年内发生3起及以上交通事故的次要公路进口。

②在需要车辆减速或者提醒驾驶人注意安全的行车处。

（3）位于临水临沟路段的平交路口是否设置路侧护栏。

五、线形设计方面

（1）平交路口的交角设计是否符合《公路路线设计规范》（JTG D20—2017）要求，平面交叉的交角宜为直角，斜交时，其锐角应不小于70°，受地形或其他特殊情况限制时，应大于45°。畸形交叉路口案例见图2-5。

（2）平交路口的岔数设计是否符合《公路线设计规范》（JTG D20—2017）要求，平面交叉岔数不应多于4条。

图 2-5　畸形交叉路口

六、其他

（1）平交路口是否设置在小半径弯道、陡坡、长下坡等线形不良路段。平交路口设置位置不当案例见图 2-6。

（2）平交路口、中央分隔带开口、路侧接入路口是否设置过密，导致车辆频繁进出、横穿主路，严重干扰主线交通。

第二章 排查要点

a)

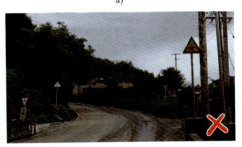

b)

图 2-6 平交路口设置在急弯处

第三章

治理措施

一、明确通行路权

1. 完善机动车信号灯

结合事故条件、流量条件、综合条件等方面，判别是否设置机动车信号灯。

（1）平交路口事故条件，符合下列条件之一的，应设置机动车信号灯。

①3年内平均每年发生5次以上交通事故，从事故原因分析通过设置交通信号灯可避免发生事故的路口。

②3年内平均每年发生1次以上死亡交通事故的路口。

（2）平交路口流量条件，符合下列条件之一的，应设置机动车信号灯。

①观测记录路口机动车高峰小时流量超过

表 3-1 的路口。

路口机动车高峰小时流量　　表 3-1

主要公路单向车道数（条）	次要公路单向车道数（条）	主要公路双向高峰小时流量（pcu/h）	流量较大次要公路单向高峰小时流量（pcu/h）
1	1	750	300
		900	230
		1200	140
1	≥2	750	400
		900	340
		1200	220
≥2	1	900	340
		1050	280
		1400	160
≥2	≥2	900	420
		1050	350
		1400	200

注：1. 主要公路指两条相交公路中交通流量较大的公路；
2. 次要公路指两条相交公路中交通流量较小的公路；
3. 车道数以路口 50m 以上的渠化段或路段数计；
4. 在无专用非机动车道的进口，将该进口进入路口非机动车流量折算成当量小汽车流量并统一考虑；
5. 在统计次要公路单向流量时取每一个流量统计时间段内两个进口的较大值累计；
6. pcu 指当量小汽车。

②观测路口任意连续 8h 机动车平均小时流量超过表 3-2 的路口。

路口任意连续 8h 机动车平均小时流量　表 3-2

主要公路单向车道数（条）	次要公路单向车道数（条）	主要公路双向任意连续 8h 平均小时流量（pcu/h）	流量较大次要公路单向连续 8h 平均小时流量（pcu/h）
1	1	750	75
		500	150
1	≥ 2	750	100
		500	200
≥ 2	1	900	75
		600	150
≥ 2	≥ 2	900	100
		600	200

（3）平交路口综合条件，符合下列条件之一的，应设置机动车信号灯。

①当路口交通流量和交通事故条件中，有两个或两个以上条件达到 80% 的。

②对于畸形或多路交叉的路口，应进行合理

渠化后设置机动车信号灯。

③不具备①条件的，但因行人和非机动车通行易造成拥堵或交通事故的路口。

2. 完善非机动车信号灯

（1）非机动车驾驶人在路口距停车线25m范围内不能清晰视认用于指导机动车通行的信号灯的显示状态时，应设置非机动车信号灯。

（2）对于机动车单行线上的路口，在与机动车交通流相对的进口应设置非机动车信号灯。

（3）非机动车交通流与机动车交通流通行权冲突，可设置非机动车信号灯。

3. 完善人行横道信号灯

（1）在采用交通信号灯控制的路口，已施划人行横道标线的，应设置人行横道信号灯。

（2）行人与车辆交通流通行权冲突的，可设置人行横道信号灯。

4. 保证交通信号灯规范设置

（1）参照《道路交通信号灯设置与安装规范》（GB 14886—2016），合理规范设置交通信号灯，保证交通信号灯能够被清晰地观察到；保证交通信号灯指示明确、不产生误解；定期对交通信号灯进行维护，保证交通信号灯的亮度。

（2）根据平交路口的交通流特性、车道设置情况，合理设置交通信号灯相位与配时，满足实际通行需求。

5. 无须设置交通信号灯的平交路口

应结合道路等级、交通流量等，确定主路、支路，在支路设置停车让行或减速让行标志标线，明确平交路口通行路权；视距不良、车速快的平交路口宜设置停车让行标志标线。

①停车（减速）让行标志（图 3-1、图 3-2）设置位置宜靠近停车（减速）让行标线，当路口

设有人行横道线时，停车（减速）让行标志应设置在人行横道线前，距离人行横道线边缘 2~3m，同时不妨碍交叉路口通视三角区视距。

图 3-1 停车让行标志

图 3-2 减速让行标志

②停车让行线为两条平行白色实线和一个白色"停"字（图3-3）；双向行驶的路口，白色双实线长度应与对向行车道分界线连接；单向行驶的路口，白色双实线长度应横跨整个路面；白色实线宽度为 20cm，间隔 20cm，"停"字宽 100cm，高 250cm；停车让行线应设在有利于驾驶人观察路况的位置；如有人行横道线时，停车让行线应距人行横道线 100~300cm。

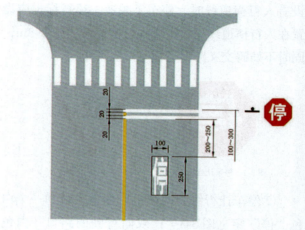

图 3-3 停车让行线设置示意图（尺寸单位：cm）

③减速让行线为两条平行的虚线和一个倒三角形，颜色为白色（图 3-4）；双向行驶的路口，白色虚线长度应与对向行车道分界线连接；单向行驶的路口，白色虚线长度应横跨整个路面；虚线宽 20cm，两条虚线间隔 20cm，倒三角形底宽 120cm，高 300cm；减速让行线应设在有利于驾

驶人观察路况的位置；如有人行横道线时，减速让行线应距人行横道线 100~300cm。

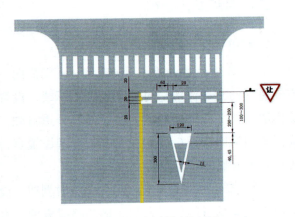

图 3-4　减速让行线设置示意图（尺寸单位：cm）

6. 环形交叉口

应在交织外侧入环位置设置减速让行标志标线。

二、完善渠化组织

1. 完善平交路口渠化设计

（1）合理设置分道。不同车型、不同流向、不同速度的交通流应尽可能采用施划标线、设置隔离墩（柱）或交通岛的方法，使其分道行驶，根据不同流向交通量的构成情况，合理设置直行与转向车道数量。

（2）渠化路线最优化。渠化路线时划线、设交通岛均应尽可能使行人和车辆的路线方便、直接、自然，可以最短时间或最短路程通过，切忌迂回、逆向、急转弯或渠化设计有可能引起碰撞的尖锐角度。

（3）保证车辆和行人视距。平交路口渠化应充分保证各方向、各车道的车辆和行人视距，平交路口附近的所有绿化植物和街道上公用市政设施均应以不阻挡视线、不妨碍视线为原则。

（4）交通岛位置设置科学合理。交通岛应设在没有车流通过（或者通过比较少）的位置，既不妨碍交通，又能限制车辆的活动范围，减小冲突面积。

参考性渠化措施见表3-3。

参考性渠化措施　　表3-3

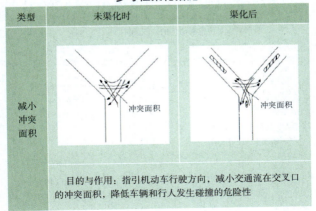

类型	未渠化时	渠化后
减小冲突面积	冲突面积	冲突面积
目的与作用：指引机动车行驶方向，减小交通流在交叉口的冲突面积，降低车辆和行人发生碰撞的危险性		

续上表

类型	未渠化时	渠化后
增大交叉角度		
	目的与作用：使对向车流以较大角度尽可能呈直角交叉，减小车辆行驶冲突的面积。缩短交叉时间，为驾驶人提供判断车辆相对位置和速度的最佳条件	
减小汇入角		
	目的与作用：使交通流以 10°～15° 的合理角度和最小的速度差进行合流，使汇合车辆可利用最小车头间距	

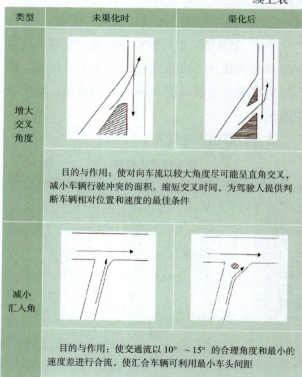

续上表

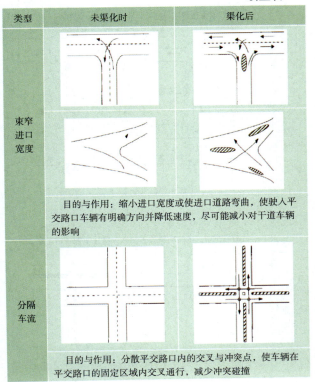

类型	未渠化时	渠化后
束窄进口宽度		
	目的与作用:缩小进口宽度或使进口道路弯曲,使驶入平交路口车辆有明确方向并降低速度,尽可能减小对干道车辆的影响	
分隔车流		
	目的与作用:分散平交路口内的交叉与冲突点,使车辆在平交路口的固定区域内交叉通行,减少冲突碰撞	

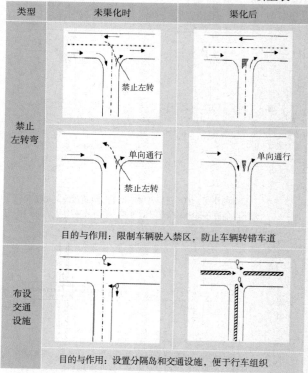

续上表

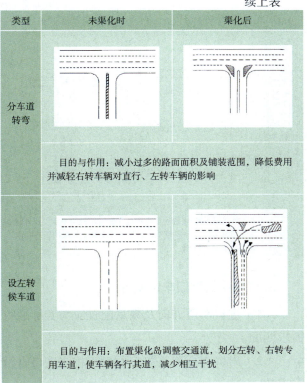

类型	未渠化时	渠化后
分车道转弯		
	目的与作用：减小过多的路面面积及铺装范围，降低费用并减轻右转车辆对直行、左转车辆的影响	
设左转候车道		
	目的与作用：布置渠化岛调整交通流，划分左转、右转专用车道，使车辆各行其道，减少相互干扰	

续上表

类型	未渠化时	渠化后
设候驶车道		

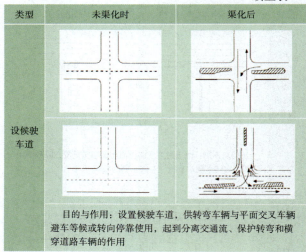

目的与作用：设置候驶车道，供转弯车辆与平面交叉车辆避车等候或转向停靠使用，起到分离交通流、保护转弯和横穿道路车辆的作用

2. 优化平交路口车道设置

（1）进口车道方向及数量配置应与实际通行需求匹配。

（2）出口直行车道数应不少于相应进口直行车道数。

（3）进口、出口直行车道应保持轨迹顺畅，错位的应施划路口导向线。

3. 完善行人通行交通组织

（1）施划人行横道线，配套完善人行横道标志、人行横道线预告标识、停止线。

（2）人行横道位置应符合行人实际过街路径和习惯。

（3）人行横道长度大于16m时，应设置二次过街安全岛。

4. 完善非机动车通行交通组织

（1）拓宽硬路肩作为非机动车道，宽度不宜小于2.5m；可通过施划路面彩铺，明确非机动车道和过街路径。

（2）因货车右转视线盲区、内轮差导致事故多发的路口，应在路口转角处施划路面彩铺进行警示，划定非机动车过街等待区，规范车辆右转路线，见图3-5。

图3-5 警示预防货车右转事故

（3）非机动车交通量大的平交路口，宜采取"二次过街"交通组织。

三、保障行车视距

（1）消除平交路口通视三角区内障碍物，包括茂盛的树木枝叶、山体、人工构造物等，条件受限无法清除的，设置鸣喇叭标志、凸面镜等。

①两相交公路间，由各自停车视距所组成的三角区内不得存在任何有碍通视的物体。通视三角区见图3-6。

图3-6 通视三角区

②条件受限制不能保证由停车视距所构成的通视三角区时，则应保证主要公路的安全交叉停车视距和次要公路至主要公路边车道中心线5~7m所组成的通视三角区，见图3-7、表3-4。

图 3-7 安全交叉停车视距通视三角区

安全交叉停车视距　　　　表 3-4

设计速度（km/h）	100	80	60	40	30	20
停车视距（m）	160	110	75	40	30	20
安全交叉停车视距（m）	250	175	115	70	55	35

（2）支路存在"冲坡"现象的，进行"坡改平"处理。

（3）中央分隔带开口隐蔽的，降低开口处绿化植物或护栏的高度，保证开口的可见性。

（4）夜间事故多发、易发平交路口和位于城镇地区的平交路口，安装路灯，改善夜间视距。

四、强化警示防护

1. 加强警示提示

(1)完善交叉路口预告标志、交叉路口告知标志、确认标志等指路标志,具体设置要求见表 3-5、图 3-8~图 3-11。

平交路口路径指引标志配置表　　表 3-5

主线公路	被交公路			
	干线功能国道	集散功能国道、省道	县道、城市主干路、城市次干路	乡道、支路
干线功能国道	预告确	(预)告确	(预)告(确)	—
集散功能国道、省道	(预)告确	(预)告确	(预)告(确)	(告)
县道、城市主干路、城市次干路	(预)告确	(预)告(确)	(预)告(确)	(告)
乡道、支路	(告)	(告)	(告)	(告)

注:1. 预 - 交叉路口预告标志;
2. 告 - 交叉路口告知标志;
3. 确 - 确认标志(包括道路编号标志、路名标志、地点距离标志);
4. ( ) - 可根据需要设置的交通标志。

图 3-8　交叉路口预告标志

图 3-9　交叉路口告知标志（设在交叉路口前）

图 3-10　交叉路口告知标志（设在交叉路口处）

图 3-11　确认标志

（2）完善交叉路口标志、人行横道标志等交通标志；完善停止线、人行横道线等交通标线。定期维护交通标志标线，保证视认性。

①交叉路口标志应设在平交路口前适当位置，如果两相邻平交路口中心点的距离小于安全停车视距，宜合并为一个图形，并根据道路的实际情况可以将标志的尺寸适当放大。

②人行横道线一般与道路中心线垂直，特殊情况下，其与中心线夹角不宜小于60°（或大于120°），其条纹应与道路中心线平行；人行横道线的最小宽度为300cm，并可根据行人交通量以100cm为一级加宽；人行横道线的线宽为40cm或45cm，线间隔一般为60cm，可根据行车道宽度进行调整，但最大不应超过80cm，见图3-12。

③停止线应设置在有利于驾驶人观察路况的位置；设有人行横道时，停止线应距人行横道100~300cm；双向行驶的路口，停止线应与对向行车道分界线连接；单向行驶的路口，其长度应横跨整个路面；停止线的宽度可根据道路等级、交通量、行驶速度的不同选用20cm、30cm或

40cm,见图 3-13。

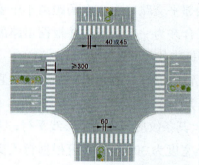

图 3-12　人行横道线设置示意图（尺寸单位：cm）

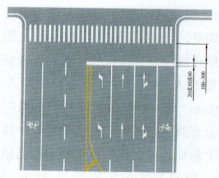

图 3-13　停止线设置示意图（尺寸单位：cm）

（3）因货车右转视线盲区、内轮差引发事故多的平交路口，宜设置右转车道信号灯，或设置货车右转停让提示。

（4）公路沿线较小平交路口应设置道口标柱；路侧接入路口、中央分隔带开口、侧分隔带开口宜设置道口标柱。

（5）非交通信号灯控制平交路口、中央分隔带开口、路侧接入路口，宜设置爆闪灯、反光道钉，加强夜间警示效果。

2. 加强安全防护

（1）结合管理需求，可设置限速标志、减速标线、减速丘，适当降低平交路口范围内限制速度，但不宜低于整体路段限制速度的70%。

（2）平交路口进口道应设置机非隔离设施。

（3）平交路口转角路侧、相交路段两侧，尤其是外侧有水沟、深沟等安全隐患的，设置路侧护栏,并做好端头及护栏连接处理。

(4)结合平交路口实际,应用科技设备加强管理效果。

①城镇地区、流量大、事故多发易发的平交路口,宜设置电子警察、视频监控等设备。

②流量较小但车速快的平交路口,宜设置会车预警系统、路口小喇叭等科技设备,加强路口来车警示,提示安全过街。

③行人过街交通量大的平交路口,可结合实际设置发光斑马线等加强警示。

五、改良线形设计

对几何线形设计不合理的畸形路口开展工程改造,改善道路交叉角度,通过合并支路、改线、移位等方式将四岔以上交叉改为四岔交叉,避免错位交叉和畸形交叉。

六、其他

(1)按照"应封则封,应并则并"的原则治理平交路口、中央分隔带开口、路侧接入路口过密问题,平交路口的最小间距可参照表3-6设计。

平交路口的最小间距　　　　表3-6

公路等级	一级			二级		三级、四级
设计速度(km/h)	100	80	60	80	60	40
平面交叉间距(m)	2000	1000	500	500	300	200
右进右出控制间距(m)	310	240	180	—	—	—

(2)对于处在急弯、陡坡、长下坡等线形不良路段的平交路口,改移平交路口位置。

第四章

典型案例

一、十字交叉路口治理

隐患问题：路侧硬化路面较窄、破损，非机动车行驶及等待区域过窄，与其他车辆易发生剐蹭。缺少交通标志，交通标线磨损严重；路口交通通行秩序混乱，缺少交通控制，路侧占道摆摊、停车现象突出，侵占交叉路口路面；村镇人群、非机动车横向干扰较大。

治理措施：集中整治路侧环境。对硬路肩进行拓宽，清理路侧广告牌、摊位等构筑物，转角处设置波形护栏、警示桩进行路宅隔离；规范交通标志标线的设置，对磨损标线进行重新施划；设置机动车信号灯、非机动车信号灯及配套人行信号灯、监控设备，保障通行秩序和安全，见图4-1~图4-3。

第四章 典型案例

a）治理前

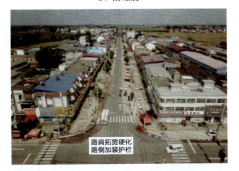

b）治理后

图 4-1 拓宽路肩、实施路宅分离

普通公路安全隐患排查治理指南
——平交路口篇

a)治理前

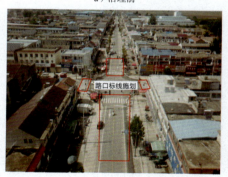

b)治理后

图 4-2 重新施划路口标线

第四章　典型案例

a）治理前

b）治理后

图 4-3　设置信号灯和监控设备

二、T形交叉路口治理

隐患问题：路口通行权不明，既没有交通信号灯，支路也没有让行标志，引发交通冲突；路口无交通标线，缺少渠化设计，车辆行驶轨迹混乱，路口秩序差；交警岗亭与两侧绿篱墙遮挡视线，造成路口视距不良。

治理措施：明确主路、支路，并在支路上设置停车让行标志，明确路权；在路口施划道路中心线、路面导向箭头、导流线，完善渠化设计，改善交通秩序。搬移交警岗亭等遮挡视距的障碍物，保证路口的通视三角区视距良好，见图4-4、图4-5。

第四章 典型案例

a）治理前

b）治理后

图 4-4 完善交通标志标线

a）治理前

b）治理后

图 4-5　改善视距、渠化设计

三、路侧接入路口治理

隐患问题：接入路口的警示标志不完善，主路驾驶人不易及时发现接入路口，存在安全隐患；村道没有让行标志，主路与支路的交通冲突明显；主路的车速较快，缺少减速设施，驾驶人遇路口来车无法及时制动，支路口内没有减速设施。

治理措施：在主路设置路口警告标志、爆闪灯，路口处设置道口标柱，提示驾驶人前方有路口，提前告知风险；在支路完善让行标志，明确支路让主路；主路施划减速标线，支路设置减速丘，控制路口车辆以安全车速通行，见图4-6~图4-8。

a)治理前

b)治理后

图 4-6 主路完善警示提示

第四章 典型案例

a) 治理前

b) 治理后

图 4-7 支路完善让行标志

a）治理前

b）治理后

图 4-8　接入路口完善道口标柱、减速丘

附录一 隐患排查对照表

平交路口隐患排查对照表　　附表 1-1

隐患排查方面	主要排查内容	是	否
交通控制	机动车信号灯是否应设未设		
	非机动车信号灯是否应设未设		
	人行横道信号灯是否应设未设		
	交通信号灯工作状态是否正常		
	交通信号灯位置是否适宜		
	交通信号灯相位、配时是否合理		
	非信控路口是否在支路设置让行标志		
渠化组织	路口是否进行渠化设计		
	路口车道设置是否合理		
	人行横道是否应设未设		
	人行横道设置位置是否合理		
	过街安全岛是否应设未设		
	是否拓宽硬路肩,设置非机动车道		
	是否采取非机动车"二次过街"组织		

续上表

隐患排查方面	主要排查内容	是	否
行车视距	路口通视三角区是否通透		
	支路接入主路是否存在"冲坡"		
	中央分隔带开口是否隐蔽		
	夜间事故易发平交路口和城镇地区路口是否安装照明		
警示防护	交叉路口预告标志、交叉路口告知标志、确认标志是否完善		
	交通标志是否齐全,设置合理		
	交通标线是否齐全,设置合理		
	是否设置道口标注		
	是否设置爆闪灯		
	是否设置机非隔离设施		
	是否针对货车右转进行警示防护		
	路侧临边临沟处是否有护栏		
	是否采取限速、控速措施		
线形设计	路口交角设计是否合规		
	路口岔数设计是否合规		
其他	路口是否位于急弯、陡坡、长下坡路段		
	平交路口、中央分隔带开口、接入路口是否过密		

附录二 隐患治理措施表

平交路口隐患治理措施表　　附表 2-1

隐患治理类型	隐患治理主要措施	推荐程度
明确通行路权	设置机动车信号灯	√
	设置非机动车信号灯	√
	设置行人过街信号灯	√
	规范交通信号灯设置	√
	优化交通信号灯相配、配时	√
	非信控路口通过让行标志明确路权	√
	环形交叉口完善让行标志	√
完善渠化组织	对路口进行渠化设计	√
	优化进出口车道设置	√
	设置人行横道和配套标志标线	√
	设置二次过街安全岛	√
	设置非机动车道和过街等待区	√
	非机动车"二次过街"交通组织	△

续上表

隐患治理类型	隐患治理主要措施	推荐程度
加强警示防护	完善交通标志	√
	完善交通标线	√
	设置道口标注	√
	设置爆闪灯	△
	完善限速、降速措施	△
	完善机非隔离	√
	货车右转安全警示	√
	完善路侧护栏	√
	安装科技设备	△
保障行车视距	移除通视三角区内障碍	√
	进行"坡改平"处理	√
	改善中央开口的可见性	√
	完善夜间照明	√
改良线形设计	优化路口交角设计	○
	优化路口岔数设计	○
其他	封闭、合并平交路口、中央开口、路侧接入路口	√
	移除位于急弯、陡坡、长下坡的平交路口	○

注：表中"√"表示必要措施，"△"表示有条件的必要措施，"○"表示可选措施。

附录三 综合治理示意图

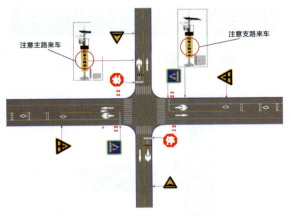

附图 3-1 非灯控十字路口治理示意图

普通公路安全隐患排查治理指南
——平交路口篇

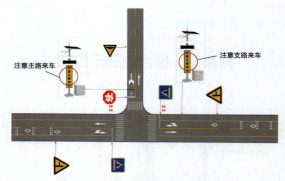

附图 3-2　非灯控 T 形路口治理示意图（一）

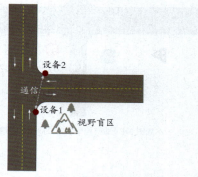

附图 3-3　非灯控 T 形路口治理示意图（二）

附录四　主要参考标准与规范

1.《道路交通标志和标线　第2部分：道路交通标志》(GB 5768.2—2022)

5.2　停车让行标志（禁1）

表示车辆必须在进入路口前完全停止，确认安全后，方可通行。见图10。停车让行标志宜单独设置。

标志形状为正八边形，颜色为红底白字。停车让行标志设置见附录F。

停车让行标志设置位置宜靠近停车让行标线，当路口设有人行横道线时，停车让行标志应设置在人行横道线前，距离人行横道线边缘

普通公路安全隐患排查治理指南
——平交路口篇

2m~3m，并不应妨碍交叉口通视三角区视距。示例见图11。

图 10 停车让行（禁1）

图 11 停车让行标志设置示例（尺寸单位：m）

5.3 减速让行标志（禁2）

表示相交道路有优先通行权，车辆应慢行或

停车，观察相交道路行车情况，让相交道路车辆优先通行和确认安全时，方可通行。见图12。减速让行标志宜单独设置。

图12　减速让行（禁2）

标志形状为倒等边三角形，颜色为白底，红边，黑字。

减速让行标志设置条件见附录F，示例见图13。

减速让行标志设置位置宜靠近减速让行标线，当路口设有人行横道线时，减速让行标志应设置在人行横道线前，距离人行横道线边缘2~3m，并不应妨碍交叉口通视三角区视距。

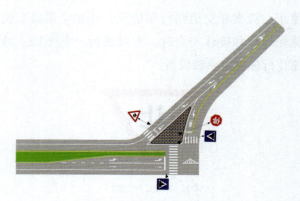

图 13　减速让行标志设置示例

6.1.3　人行横道标志

3　当需要使用本文件规定以外的指示标志，除执行GB 5768.1规定的程序外，应按以下一般原则：

a)　符合第4章的规定；

b)　标志内容尽量采用图形方式，并用辅助标志以文字说明。

2.《道路交通标志和标线 第3部分：道路交通标线》（GB 5768.2—2009）

4.7 路口导向线

4.7.1 在平面交叉口面积较大、形状不规则或交通组织复杂，车辆寻找出口车道困难或交通流交织严重时，应设置路口导向线，辅助车辆行驶和转向。

4.7.2 路口导向线为虚线，实线段200cm，间隔200cm，线宽15cm。

4.7.3 连接同向车行道分界线或机非分界线的路口导向线为白色圆曲（或直）虚线；连接对向车行道分界线的路口导向线为黄色圆曲（或直）虚线，如图11所示。

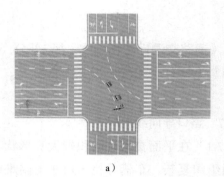

a)

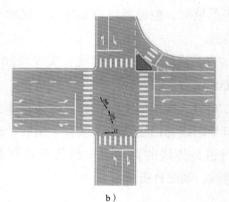

b)

图 11 线10 路口导向线（尺寸单位：cm）

4.9 人行横道线

4.9.1 人行横道线为白色平行粗实线（又称斑马线），既标示一定条件下准许行人横穿道路的路径，又警示机动车驾驶人注意行人及非机动车过街。

4.9.2 道路交叉口和行人横过道路较为集中的路段中无过街天桥、地下通道等过街设施时，应施划人行横道线；学校、幼儿园、医院、养老院门前的道路没有行人过街设施的，应施划人行横道线，设置指示标志。

4.9.3 人行横道线一般与道路中心线垂直，特殊情况下，其与中心线夹角不宜小于60°（或大于120°），其条纹应与道路中心线平行；人行横道线的最小宽度为300cm，并可根据行人交通量以100cm为一级加宽。人行横道线的线宽为40cm或45cm，线间隔一般为60cm，可根据车行道宽度进行调整，但最大不应超过80cm，如图14所示。

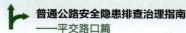

人行横道线的设置间距根据实际需要确定,但路段上设置的人行横道线之间的距离一般应大于150m。

a)与道路中心线垂直的人行横道线(尺寸单位:cm)

图 14

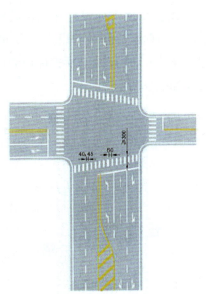

b）与道路中心线斜交的人行横道线

图14 线13 人行横道线（尺寸单位：cm）

4.9.4 在无信号灯控制的路段中设置人行横道线时，应在到达人行横道线前的路面上设置停止线和人行横道线预告标识,并配合设置人行横道指示标志,视需要也可增设人行横道警告标志,如图15所示。人行横道预告标识为白色菱形图案,尺寸如图16所示。

图15　路段人行横道线设置示例(尺寸单位:m)

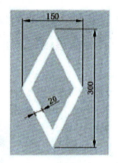

图16 线14 人行横道预告标识线(尺寸单位:cm)

4.9.5 一般应在综合考虑行人流量、行人年龄段分布、道路宽度、车流量、车辆速度、视距等多种因素后,确定人行横道线的设置宽度和形式。

路面宽度大于30m的道路上,应在中央分隔带或对向车行道分界线处的人行横道上设置安全岛。安全岛长度宜大于或等于人行横道宽度,宽度与中央分隔带相同或依据实际情况确定,如

图17 所示。在安全岛面积不能满足等候信号放行的行人停留需要、桥墩或其他构筑物遮挡驾驶人视线等情况下,人行横道线可错位设置,如图18所示。

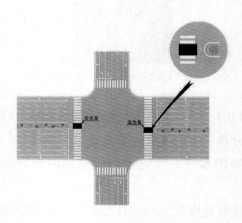

图17 安全岛设置示例

附录四 主要参考标准与规范

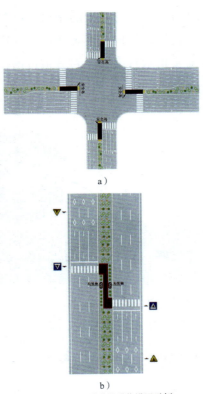

图18 人行横道线错位设置示例

行人过街交通量特别大的路口,可并列设置两道人行横道线,使斑马线虚实段相互交错,并辅以方向箭头指示行人靠左右分道过街,方向箭头一般长度为100cm,如图19所示。

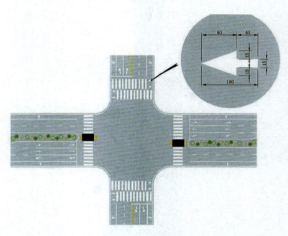

图19 线15 行人左右分道的人行横道线(尺寸单位:cm)

5.5 停止线

5.5.1 表示车辆让行、等候放行等情况下的停车位置。

5.5.2 可施划于交叉路口、铁路平交道口、左弯待转区的前端、人行横道线前及其他需要车辆停止的位置。

5.5.3 停止线为白色实线。双向行驶的路口,停止线应与对向行车道分界线连接;单向行驶的路口,其长度应横跨整个路面。停止线的宽度可根据道路等级、交通量、行驶速度的不同选用20cm、30cm或40cm。

5.5.4 停止线应设置在有利于驾驶人观察路况的位置。设有人行横道时,停止线应距人行横道100~300cm,如图66所示。

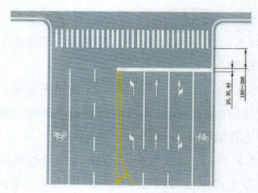

图66 线47 停止线（尺寸单位：cm）

5.5.5 停止线对横向道路左转弯机动车正常通行有影响的，可适当后移，或部分车道的停止线作适当后移，后移距离可以根据实际情况决定，一般在100~300cm之间，如图67所示。

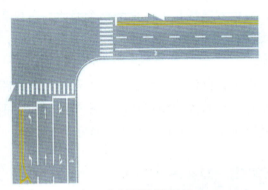

图67 停止线错位设置示例

5.6 让行线

5.6.1 停车让行线表示车辆在此路口应停车让干道车辆先行，设有"停车让行"标志的路口，除路面条件无法施划标线外均应设置停车让行标线。

停车让行线为两条平行白色实线和一个白色"停"字。双向行驶的路口，白色双实线长度应与对向车行道分界线连接；单向行驶的路口，白色双实线长度应横跨整个路面。白色实线宽度20cm，间隔20cm，"停"字宽100cm，高250cm。

停车让行标线应设在有利于驾驶人观察路况的位置。如有人行横道线时，停车让行线应距人行横道线100~300 cm，如图68所示。

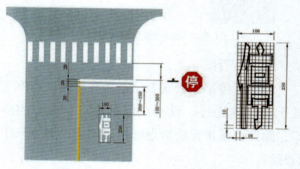

图68　线49　停车让行线（尺寸单位：cm）

5.6.2　减速让行线表示车辆在此路口应减速让干道车辆先行。设有"减速让行"标志的路口，除路面条件无法施划标线外均应设置减速让行标线。

减速让行线为两条平行的虚线和一个倒三角形，颜色为白色。双向行驶的路口，白色虚线长度应与对向车行道分界线连接；单向行驶的路口，白色虚线长度应横跨整个路面。虚线宽20cm，两条虚线间隔20cm。倒三角形底宽120cm，高300cm。

减速让行标线应设在有利于驾驶人观察路况的位置。如有人行横道线时，减速让行线应距人行横道线100~300cm，如图69所示。

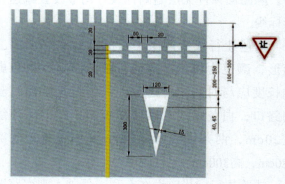

图69 线50 减速让行线（尺寸单位：cm）

3.《公路路线设计规范》（JTG D20—2017）

10.1 公路与公路平面交叉-一般规定

10.1.1 平面交叉设置应满足下列条件：

1 平面交叉应根据相交公路的功能、技术等级、区域路网的现状和规划，以及交叉区域地形、地貌条件等合理设置。

2 一级公路、二级公路、三级公路、四级公路之间相互交叉时，平面交叉设置应符合表10.1.1的规定。

表 10.1.1　平面交叉的设置要求

被交叉公路	公路主线				
	一级公路（干线）	一级公路（集散）	二级公路（干线）	二级公路（集散）	三级、四级公路
一级公路（干线）	严格限制	—	—	—	—
一级公路（集散）	严格限制	限制	—	—	—
二级公路（干线）	严格限制	限制	限制	—	—
二级公路（集散）	严格限制	限制	限制	允许	—
三级、四级公路	严格限制	限制	限制	允许	允许

10.1.2　平面交叉设计应遵循下列原则：

1　平面交叉位置的选择应综合考虑公路网现状和规划、地形、地物和地质条件、经济与环境因素等，宜选择在地形平坦、视野开阔处。

2　平面交叉选型应综合考虑相交公路功能、技术等级、交通量、交通管理方式、用地条件和工程造价等因素，选用主要公路或主要交通流畅通、冲突点少、冲突区小的形式。

3 平面交叉几何设计应结合交通管理方式并考虑相关设施的布置。

4 平面交叉范围内相交公路线形的技术指标应能满足视距的要求。

5 相交公路在平面交叉范围内的路段宜采用直线；当采用曲线时，其半径宜大于不设超高的圆曲线半径。纵面应力求平缓，并符合视觉所需的最小竖曲线半径值。

6 平面交叉设计应以预测的交通量为基本依据。设计所采用的交通量应为设计小时交通量。

7 平面交叉处行人穿越岔路口的设施应根据行人流量、公路技术等级和交通管理方式等设置人行横道、人行天桥或人行通道。

8 平面交叉的几何设计应与标志、标线和信号设施一并考虑，统筹布设。视距不良的小型平面交叉，可根据具体情况设置反光镜。

9　平面交叉改建时，除应收集交通量以外，还应调查交通延误以及交通事故的数量、程度、原因等现有交叉的使用状况。

10　平面交叉设计应满足相交公路对应设计车辆的通行要求。有特殊通行需求时，应根据实际通行车型，对平面交叉口的通行条件进行检验。

10.1.3　平面交叉根据相交公路的功能、等级、交通量等可分别采用主路优先交叉、无优先交叉或信号交叉三种不同的交通管理方式，并应符合下列规定：

1　公路功能、等级、交通量有明显差别的两条公路相交，或交通量较大的T形交叉，应采用主路优先交叉交通管理方式。

2　两条相交公路或多条交叉岔路的等级均低且交通量较小时，应采用无优先交叉交通管理方式。

3 下述交叉应采用信号交叉交通管理方式:

1) 两条交通量均大,且功能、等级相同的公路相交,难以用"主路优先"的规则管理时;

2) 两相交公路虽有主次之别,但交通量均较大(主要公路双向交通量大于或等于750辆/h,次要公路单向交通量大于或等于300辆/h),采用"主路优先"交通管理方式会出现较频繁的交通事故和过分的交通延误时;

3) 主要公路交通量相当大(主要公路双向交通量大于或等于900辆/h),而次要公路尽管交通量不大,但采用"主路优先"交通管理方式,次要公路上的车辆由于难以遇到可供驶入的主流间隙而引起不可接受的交通延误,或出现冒险驶入长度不足的主流间隙而危及安全时;

4) 两相交公路的交通量虽未达到上述程度,但由于有相当数量的行人和非机动车穿越交叉而引起交通延误,甚至造成阻塞或交通事故时;

5) 环形交叉的入口因交通量大而出现过多的交通延误时;

6) 位于城镇路段的平面交叉。

10.1.4 平面交叉设计速度的确定应符合下列规定:

1 平面交叉范围内主要公路的设计速度,宜与路段设计速度相同。

2 两相交公路的功能、等级相同或交通量相近时,平面交叉范围内的直行车道的设计速度可适当降低,但不应低于路段的70%。

3 次要公路因交角等原因改线,或因条件受限采用较低的线形指标时,可适当降低设计速度。

4 转弯车道的设计速度应根据路段设计速度、交通量、交叉类型、交通管理方式和用地情况等因素综合确定。

10.1.5 平面交叉交角与岔数的确定应符合下列规定:

1 平面交叉的交角宜为直角。斜交时，其锐角应不小于70°；受地形条件或其他特殊情况限制时，应大于45°。

2 平面交叉岔数不应多于四条；岔数多于四条时应采用环形交叉。

3 环形交叉的岔数不宜多于五条，有条件实行"入口让路"规则管理时，应采用"入口让路"环形交叉。

4 新建公路不应直接与已建的四岔或四岔以上的平面交叉相连接。

10.1.6 二级及二级以上公路的平面交叉必须进行渠化设计；三级公路的平面交叉应进行渠化设计；四级公路的平面交叉宜进行渠化设计。渠化设计应根据交叉形式、交通管理方式以及转向交通量、设计速度等因素，采用加铺转角、加宽路口、设置转弯车道和交通岛等方式。

10.1.7 平面交叉间距的控制应符合下列规定:

1 平面交叉的间距应根据公路功能、技术等级,及其对行车安全、通行能力和交通延误的影响确定。

2 一级公路、二级公路的平面交叉最小间距应符合表10.1.7的规定。

表 10.1.7 平面交叉最小间距

公路技术等级	一级公路			二级公路	
公路功能	干线公路		集散公路	干线公路	集散公路
	一般值	最小值			
间距(m)	2000	1000	500	500	300

3 一级公路、二级公路作为干线公路时,应优先保证干线公路的畅通,采取排除纵、横向干扰的措施,平面交叉应保持足够大的间距,必要时可设置立体交叉。

4 一级公路、二级公路作为集散公路时,应合理设置平面交叉,通过支路合并等措施,减少平面交叉的数量。

10.1.8 平面交叉设计服务水平应符合下列规定:

1 承担干线功能的一级公路平面交叉的设计服务水平应不低于三级;承担集散功能的一级公路及二级公路、三级公路平面交叉的设计服务水平应不低于四级。

2 三级及三级以上公路的平面交叉应对通行能力和服务水平进行分析和检验。

4.《公路交通安全设施设计细则》(JTG/T D81—2017)

7.3.5 道口标柱

道口标柱的颜色应为红白相间,其设置位置

附录四 主要参考标准与规范

如图7.3.5所示。

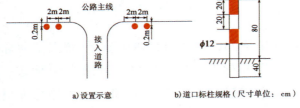

a) 设置示意　　　b) 道口标柱规格（尺寸单位：cm）

图7.3.5　道口标柱设置示例

参考文献

[1] 中华人民共和国交通运输部.道路交通标志和标线 第2部分：道路交通标志：GB 5768.2—2022［S］.北京：中国标准出版社，2022.

[2] 全国交通工程设施（公路）标准化技术委员会.道路交通标志和标线 第3部分：道路交通标线：GB 5768.2—2009［S］.北京：中国标准出版社，2009.

[3] 中华人民共和国交通运输部.公路路线设计规范：JTG D20—2017［S］.北京：人民交通出版社股份有限公司，2017.

[4] 中华人民共和国交通运输部.公路交通安全设施设计细则：JTG/T D81—2017［S］.北京：人民交通出版社股份有限公司，2017.

[5] 中华人民共和国公安部.道路交通信号灯设置与安装规范:GB 14886—2016[S].北京:中国标准出版社,2016.